El chivo comilón

Sheron Long

Ilustrado por Frank Remkiewicz

HAMPTON-BROWN BOOKS
FOR BILINGUAL EDUCATION

Quien sabe dos lenguas vale por dos.®

El chivo come chiles.

El chivo come tomates.

El chivo come rábanos.

El chivo come fresas.

El chivo come cerezas.

El chivo come manzanas.

¡Qué chivo más rojo!